AF312009

Vente du Samedi 7 Mai 1881,

HOTEL DROUOT, SALLE N° 5.

BELLES TAPISSERIES

DES GOBELINS ET DE FLANDRES

OBJETS D'ART

ET D'AMEUBLEMENT

EXPOSITION PUBLIQUE

Le Vendredi 6 Mai 1881

<table>
<tr><td align="center">COMMISSAIRE-PRISEUR
Me CHARLES PILLET
10, rue de la Grange-Batelière.</td><td align="center">EXPERT
M. CHARLES MANNHEIM
7, rue Saint-Georges.</td></tr>
</table>

CATALOGUE

DE

BELLES TAPISSERIES

DES GOBELINS ET DE FLANDRES

DE LA RENAISSANCE ET DU TEMPS DE LOUIS XIV

Dont deux aux armes de Colbert, deux représentant le Triomphe et une bataille
d'Alexandre, et autres à sujets variés :

OBJETS D'ART

ET D'AMEUBLEMENT

Beau secrétaire Louis XV en laque et bronzes ; Meubles en bois sculpté et doré ;
Torchères ; Pendules Louis XIV et autres ;
Beau Paravent en laque de Coromandel ; Boiseries du temps
de Louis XIV et de la Régence ;
Sculptures en marbre ; Bas relief de l'École de Donatello ;
Faïences italiennes et autres ;
Grandes potiches en porcelaine du Japon montées en bronze doré ;
Porcelaines de Saxe ; Bronzes d'ameublement ;
Grandes pendules de style Louis XIV et Louis XVI ;

OBJETS VARIÉS

TAPIS D'ORIENT

DONT LA VENTE AURA LIEU

HOTEL DROUOT SALLE N° 8

Le Samedi 7 Mai 1881

A DEUX HEURES.

— — — ▸▸▸✕◂◂ ◂ — — —

Par le ministère de Mᵉ **CHARLES PILLET**, Commissaire-Priseur,
10, rue de la Grange-Batelière,
Assisté de **M. CHARLES MANNHEIM**, Expert,
7, rue Saint-Georges.

— — — ▸▸▸✕◂◂ ◂ —

EXPOSITION PUBLIQUE, le Vendredi 6 Mai 1881,

DE UNE HEURE A CINQ HEURES.

CONDITIONS DE LA VENTE

Elle sera faite au comptant.

Les adjudicataires payeront *cinq pour cent* en sus des enchères.

L'exposition mettant le public à même de se rendre compte de l'état des objets, il ne sera admis aucune réclamation une fois l'adjudication prononcée.

Paris. — Typ. PILLET et DUMOULIN, 5, rue des Grands-Augustins.

DESIGNATION DES OBJETS

TAPISSERIES

1 — Deux belles tapisseries des Gobelins, rehaussées de
parties tissées en fin. Elles offrent à leur centre les
armes de Colbert, encadrées par deux cornes d'abon-
dance et par deux figures de Renommées debout soutenant des draperies. Au-dessus de l'écusson, deux génies
ailés soutiennent une couronne de marquis. Encadrement composé d'un rang d'oves avec rosaces et bordure à festons de feuillages.

Belle conservation.

Haut., 2 m. 92 cent.: larg., 2 m. 10 cent.

2 — Belle tapisserie représentant Alexandre à la bataille
d'Arbeles. Composition importante d'après Lebrun.

Haut., 2 m. 70 cent.; larg., 5 m. 28 cent.

3 — Autre belle tapisserie, provenant de la même suite
que celle qui précède. Celle-ci représente le Triomphe
d'Alexandre d'après Lebrun. Riche bordure composée de fleurs et d'ornements.

Haut., 3 m. 10 cent.; larg., 5 m. 18 cent.

4 — Grande et belle tapisserie de Flandres, représentant
le Triomphe d'Amphitrite. Belle composition de vingt-
deux figures. Époque Louis XIV.

Haut., 3 m. 10 cent.; larg., 5 m. 18 cent.

5 — Belle tapisserie de Flandres du temps de Louis XIV,
représentant une scène de repas offert par Apollon.
A droite, un dressoir chargé de pièces d'orfévrerie, et
au premier plan, diverses femmes faisant le service de
la table.

Haut., 3 m. 10 cent.; larg., 3 m. 75 cent.

6 — Grande et belle tapisserie de Flandres, représentant
une jeune femme à sa toilette, entourée de vases et de
joyaux Louis XIV. Riche bordure composée d'attri-
buts de jardinage et de groupes de fleurs et de fruits
avec médaillons de paysages aux angles.

Haut., 4 m., larg., 2 m. 42 cent.

7 — Tapisserie renaissance, représentant un sujet de
chasse, avec bordure composée de figures allégoriques
de médaillons de paysages et de fleurs.

Haut., 3 m. 65 cent.· larg., 2m. 45 cent.

8 — Deux bandes de tapisserie composées de festons de
fleurs.

Haut., 2 m, 30 cent; larg., 30 cent.

9 — Bande de broderie en soie sur fond noir, représentant des vases de fleurs et des rubans. Époque Louis XIII.

Haut., 3 m. 63 cent.; larg., 25 cent.

10 — Tapisserie renaissance, représentant un sujet de chasse, avec bordure de fleurs, fruits, oiseaux et animaux.

Haut., 3 m. 30 cent.; larg., 2 m. 75 cent.

ÉTOFFES

11 — Tapis de selle en drap rouge avec encadrement brodé d'or. Travail oriental.

12 — Petit tapis rectangulaire brodé d'or sur fond bleu. Travail oriental.

13 — Petit tapis carré de même travail que celui qui précède.

MEUBLES

14 — Beau secrétaire droit, du temps de Louis XV, en laque noir à décor de paysages et personnages en or et couleurs. Il est garni d'une frise à rinceaux et de chutes à bustes de guerriers casqués en bronze ciselé et doré. Dessus en marbre griotte d'Italie.

Haut., 1 m. 51 cent.; larg., 1 m. 10 cent.

15 — Autre secrétaire du temps de Louis XV en bois de rose garni de quelques ornements de bronze et à dessus de marbre.

16 — Joli petit cabinet en ancien laque du Japon à décor de paysages en or sur fond noir et garni en cuivre gravé et doré.

17 — Jolie pendule du temps de Louis XIV, plaquée d'écaille et garnie de bronze doré. Les angles sont ornés de doubles serpents enroulés simulant des colonnes.

18 — Grande console en fer forgé à mascarons, feuillages et enroulements, xviiie siècle.

19 — Grand paravent à huit feuilles en ancien laque de Chine à fond noir décoré de paysages avec personnages.

20 — Deux belles torchères en bois sculpté, doré en partie et composées chacune d'une figure de satyre sur rocher, portant un enfant triton, tenant d'une main une girandole en bronze à dix lumières. Socles en velours. Travail italien du xviiie siècle.

Hauteur sans socle, 2 m. 05 cent.
Hauteur avec socle, 2 m. 58 cent.

21 — Glace avec cadre en bois sculpté et doré, composé d'ornements rocaille et surmonté d'une palmette et de guirlandes de fleurs.

22 — Très grand cadre composé de deux figures de négrillons debout, soutenant une draperie, en bois
sculpté, peint et doré. Travail italien.

23 — Table-console en bois sculpté et doré, sur pieds feuil-
lagés, reliés par une double traverse. Travail italien
du xviiie siècle.

24 — Console de style Louis XIV, en bois sculpté et doré,
à cariatides.

25 — Autre petite console en bois sculpté et doré, composée d'ornements rocaille avec dessus de marbre
blanc.

26 — Petite glace Louis XV, avec cadre en bois sculpté et
doré.

27 — Grand et beau paravent à huit feuilles en laque du
Coromandel, à riche décor en couleurs. Il est garni au
revers d'étoffe peinte.

28 — Canapé et deux bergères du temps de Louis XVI,
en bois peint en blanc, couverts en tapisserie à fond
jaune, décorée de rinceaux, de draperies, d'oiseaux
et de festons et de vases de fleurs.

29 — Petite table japonaise à écrire de forme oblongue,
en laque cloutée d'argent, représentant un vol d'hiron-
delles au-dessus des flots.

30 — Deux cabinets en laque noir, à décor de fleurs et d'oiseaux en couleurs et or.

31 — Deux encoignures Louis XV, en bois de placage, garnies de quelques ornements de bronze doré et à dessus de marbre rouge du Languedoc.

32 — Petite glace avec cadre en bois sculpté et doré, orné d'un médaillon, portrait de femme au pastel. Époque Louis XV.

33 — Petit cabinet en ébène incrusté d'ivoire.

34 — Cabinet analogue à celui qui précède.

35 — Coffre oblong en cuir, garni d'ornements en cuivre découpé et gravé et portant un écusson armorié. XVIIᵉ siècle.

36 — Deux torchères formées de figures de nègres, en bois sculpté, peint et doré, supportant des candélabres à cinq lumières en bronze doré.

37 — Deux autres torchères formées de négrillons en bois sculpté, peint et doré.

38 — Quatre glaces-appliques avec cadres à médaillons et à trois branches porte-lumières en bois sculpté et doré.

38 bis — Guéridon en bois doré, avec dessus en mosaïque.

39 — Grande bibliothèque et dix chaises en bois noir incrusté d'ivoire de style italien. Ce lot sera divisé.

40 — Cartel en bois sculpté, doré en partie.

41 — Une console en bois sculpté et doré, [décorée sur le bandeau de têtes d'Amours ailés et à dessus de marbre blanc.

42 — Table de milieu à quatre pieds formés de cariatides, en bois sculpté et doré et à dessus de marbre.

43 — Deux fûts de colonnes cannelées en stuc imitant le porphyre et garnis de tigettes et d'un tore de laurier en bronze ciselé.

44 — Table octogone à huit pieds en bois sculpté et doré, avec figure d'Amour au centre, et à dessus en mosaïque.

45 — Écran en bois doré, garni de soie ancienne.

46 — Autre écran en bois sculpté noir et or.

47 — Deux torchères en bois sculpté, à colonnes ornées.

48 — Deux tables de milieu en bois sculpté et doré, à pieds cintrés et à dessus de velours.

49 — Deux meubles d'entre-deux en marqueterie de cuivre, garnis de bronze.

50 — Jeu de quatre petites tables en laque noir et or.

51 — Causeuse à trois places, couverte en soie bleue à dessin broché.

52 — Six chaises légères en bois doré, couvertes en soie.

BOISERIES

53 — Quatre grands et beaux cadres de glace ou trumeaux en bois de chêne sculpté du temps de Louis XIV, surmontés de médaillons ovales en largeur, disposés pour recevoir des peintures.

54 — Quatre cadres de dessus de porte du temps de Louis XV, en bois sculpté.

55 — Lot de panneaux et boiseries diverses du temps de la Régence.

56 — Grande et belle glace cintrée à sa partie supérieure, dans un beau cadre à pilastres ornés, en bois sculpté et doré, du temps de Louis XIV.

BRONZES

57 — Grande pendule du temps de Louis XVI, en bronze ciselé, marbre noir et marbre blanc, modèle à pilastres et consoles, statuettes, trophées d'armes, lions, aigle, etc.

58 — Deux candélabres de style Louis XVI, en marbre blanc et bronze, à six branches de lis porte-lumières et vases en marbre blanc.

59 — Deux flambeaux de style Louis XIV, en bronze doré.

60 — Deux chenets en bronze de style Louis XVI, modèle à vase et galerie.

61 — Très grande pendule de style Louis XIV, en bronze doré, ornée de cariatides de femmes et surmontée d'un vase.

62 — Autre grande pendule de style Louis XIV, en bronze doré.

63 — Grande pendule de style Louis XIV, en bronze doré, ornée de deux figures de sirènes, et avec socle en marqueterie de cuivre.

64 — Pendule de style Louis XVI, en bronze doré, ornée de trois figures d'Amours.

65 — Deux candélabres en bronze doré, à dix lumières.

66 — Lustre en bronze garni de cristaux.

67 — Petite pendule en bronze doré et marbre blanc du temps de Louis XVI, Vénus enlaçant l'Amour à l'aide de festons de fleurs.

68 — Deux petites statuettes d'enfants, en bronze ; l'un d'eux étudie, l'autre donne la becquée à un oiseau.

69 — Quatre appliques en bronze et cristaux à neuf lumières.

70 — Grande lanterne de vestibule ou d'antichambre, de style Louis XIV, en bronze doré.

71 — Vase modèle rocaille en bronze doré, sur pieds à consoles.

72 — Petite pendule rocaille en bronze doré, avec figure d'Amour.

73 — Deux candélabres à figures d'enfants et à six lumières.

74 — Deux candélabres rocaille à cinq lumières et figures de faïence.

75-77 — Trois galeries de cheminée en bronze, variées de formes.

78 — Trois pare-étincelle en cuivre doré.

79-80 — Huit flambeaux en bronze, variés de formes.

81 — Deux petits candélabres à trois lumières, modèle rocaille. en bronze.

SCULPTURES SUR MARBRE

82 — Beau bas-relief de forme ovale en hauteur en marbre blanc, de l'école de Donatello. Il représente la Vierge, vue à mi-corps, tenant l'enfant Jésus debout sur ses genoux.

83 — Deux jolies figures d'enfants nus couchés et endormis, grandeur nature. Travail italien du xviie siècle.

84 — Buste en marbre blanc de la Vénus dite de Médicis. xviiie siècle.

OBJETS VARIÉS

85 — Cinq grands vitraux décorés de figures bibliques sous des dais et autres sujets. xviie siècle.

86 — Grande cafetière turque en cuivre argenté, à côtes en spirale.

87 — Bénitier formé d'un seau en cuivre repoussé et argenté.

88 — Trois flacons carrés en verre avec bouchons en argent.

89 — Boîte à ouvrage en bois sculpté, à figures et ornements sur fond imitant la vannerie.

90 — Petite plaque en émail de Limoges, peinte en émaux de couleurs, par Pierre Raymond, et représentant le sujet de la Résurrection.

91 — Seau en cuivre gravé conservant des traces d'incrustations d'argent. Ancien travail persan.

92 — Amorçoir en bois finement incrusté d'ivoire, gravé et garni en argent. XVIᵉ siècle.

93 — Deux vases en forme de gourde en émail cloisonné de la Chine, à fleurs et fruits sur fond bleu turquoise.

94 — Bel éventail avec monture en nacre de perle blanche et noire sculptée à figures et jolie feuille peinte par Gavarni, représentant une scène de bal masqué.

95 — Huit jolies miniatures sur vélin et sur ivoire réprésentant des sujets variés des époques Louis XV et Louis XVI. Elles sont montées sur une tablette en bois noir.

95 bis — Deux pastels du temps de la Régence. Portraits d'homme et de femme.

FAIENCES

96 — Plat rond en faïence d'Urbino représentant Vénus et Vulcain. Il porte au revers la date de 1542.

97 — Grand vase ou cornet en ancienne faïence de Castel-Durante, décoré de grotesques et de trophées d'armes en camaïeu brun sur fond bleu et portant un écusson armorié. Il porte la date de 1562.

98 — Deux consoles-appliques en ancienne faïence allemande, composées chacune d'ornements rocaille, d'un oiseau et d'un fruit, à décor polychrome.

99 — Douze couteaux à manches en ancienne faïence de Moustiers à décor bleu dans le goût de Berain.

100 — Deux lampes montées dans des vases en faïence de Delft à décor bleu.

101 — Deux potiches à pans en faïence de Delft à décor bleu.

102 — Quatre plats ronds en faïence italienne moderne.

PORCELAINES DU JAPON

ET DE LA CHINE

103 — Deux grandes potiches à pans en ancienne porcelaine du Japon, à riche décor bleu, rouge et or, à
paysages et fleurs, montées en bronze et garnies de
bouquets à quinze lumières.

104 — Deux autres grandes potiches montées sur trépieds
en bronze et garnis de lampes.

105 — Deux potiches en ancienne porcelaine du Japon
montées en candélabres à sept lumières.

106 — Grande potiche à pans en ancienne porcelaine du
Japon avec pied composé d'ornements rocaille en
bronze doré.

107 — Grande coupe ronde en ancienne porcelaine du
Japon, garnie d'une monture à anses en bronze doré.

108 — Vase ovoïde ou jardinière en ancienne porcelaine
du Japon, monté en bronze doré.

109 — Grande potiche en ancienne porcelaine du Japon,
avec couvercle.

110 - 111 — Deux grands plats en ancienne porcelaine du Japon, l'un d'eux monté en table en bronze.

112 — Très grand bol en ancienne porcelaine de Chine sur pied en bronze doré formé de chimères.

113 — Deux vases en forme de balustre en porcelaine de Chine, montés en candélabres à sept lumières.

114 — Deux vases de forme analogue en porcelaine de Chine, décorés de fleurs et montés en candélabres.

115 — Petite coupe en ancienne porcelaine de Chine montée en bronze.

116 — Deux potiches surmontées de cornets, en terre laquée rouge, de style chinois.

117 — Joli petit vase à pans en ancienne porcelaine de Chine, décoré d'arbustes et de fleurs en émaux de la famille verte sur fond jaune. Il est monté en bronze doré.

118 — Assiette en ancienne porcelaine mince de la Chine à décor émaillé, montée en bronze.

119 — Autre assiette en porcelaine moderne de la Chine montée en bronze.

PORCELAINES DE SAXE

ET AUTRES

120 — Petit sanglier en ancienne porcelaine de Saxe, monté sur un socle rocaille en bronze ciselé et doré.

121 — Deux petites girandoles à deux lumières en bronze ciselé et doré, modèle rocaille, enrichies de deux figurines en vieux Saxe représentant l'Asie et l'Afrique.

122 — Tonnelle en bronze doré formant encrier, ornée d'un tonneau et d'une figurine en porcelaine de Saxe.

123 — Statuette de Hongrois debout en vieux Saxe.

124 — Deux cornets en ancienne porcelaine du Japon à décor bleu, rouge et or.

125 — Bouteille à long col en porcelaine de Chine flambée rouge haricot.

126 — Deux petites carpes debout en ancienne porcelaine de Chine, montées sur des socles rocaille en bronze doré.

127 — Deux petits vases ovoïdes en porcelaine dure à fond
vert et médaillons groupes de fruits, encadrés d'ornements dorés. Ils sont garnis de piédouches et
d'anses à mascarons en bronze ciselé et doré au mat.

128 — Cuvette et pot à eau en porcelaine de Saxe, décorés
de bouquets de fleurs en camaïeu carmin.

129 — Petit plateau à quatre lobes en ancienne porcelaine
de Saxe, décoré de paysages en camaïeu carmin.

130 — Diverses figurines en ancienne porcelaine de
Saxe.

131 — Diverses tasses en ancienne porcelaine de Saxe.

132 — Trois jolis petits groupes en ancienne porcelaine
blanche de Tournay représentant des jeux d'enfants
sur des rochers garnis d'arbustes.

133 — Deux potiches en porcelaine de Saxe, décorées de
sujets de personnages.

TAPIS

134-143 — Dix tapis d'Orient variés de dimensions et de
dessins. Ils seront vendus séparément.